Enid Artursdottir

Klage Widerspruchssache

Enid Artursdottir

Klage Widerspruchssache

Staatsangehörigkeitsrecht

Trainerverlag

Cover image: www.ingimage.com

Publisher:
Der Trainerverlag
is a trademark of
International Book Market Service Ltd., member of OmniScriptum Publishing Group
17 Meldrum Street, Beau Bassin 71504, Mauritius
Printed at: see last page
ISBN: 978-620-0-76855-1

Inhaltsverzeichnis:

I. Widerspruch Kostenbescheid .... S. 3

II. Klage Widerspruchsbescheid .... S. 13

III. Schlusswort .... S. 52

I. Widerspruch Kostenbescheid:

1. Schreiben der Antragstellerin an die Kreisverwaltung[1]:

Sehr geehrte Frau Sachbearbeiterin, sehr geehrte Damen und Herren,

gegen Ihren mir mit heutiger Post zugestellten Kostenbescheid erhebe ich Widerspruch.

Da ich die einzige Widerspruchsführerin war und bin, reduzieren sich die Kosten auf eine Gesamtgebühr von 1 x 25,00 €.

In der Ermäßigung auf 80 % im schriftlichen Verfahren auf 18,75 € plus Auslagen für Zustellung per Postzustellungsurkunde 3,05 € auf Gesamt **21,80 €**.

Die Differenz (zu den am 07.08.2020 entrichteten Gebühren von 103,05 € - vgl. beigefügten Zahlungsbeleg) von **81,25 €** bitte ich **innerhalb von 14 Tagen** meinem Konto gutzuschreiben:

Mit freundlichen Grüßen

Antragstellerin

---

[1] 07.08.2020

KV

Kreisverwaltung: **-103,05 €**

- Verwendungszweck:
- **Bürgernummer Kostenbescheid 06.08.2020**
- **Widerspruchssache Kreisrechtsausschuss**
- **5-fache Gebühr**
- **plus Auslagen für Postzustellungsurkunde**
- Buchungsdatum: **07.08.2020**
- Wertstellungsdatum: **07.08.2020**
- IBAN
- BIC
- Umsatzart: **Überweisung**

2. Schreiben der Kreisverwaltung an die Antragstellerin[2]:

Sehr geehrte Frau A.,

Ihr Widerspruch, per einfacher E-Mail eingelegt, entspricht nicht der gesetzlich vorgeschriebenen Schriftform und wäre daher unzulässig. Eine E-Mail genügt den gesetzlichen Anforderungen nur dann, wenn sie mit einer qualifizierten elektronischen Signatur versehen ist. Daran fehlt es jedoch vorliegend. Wir stellen Ihnen anheim, den Widerspruch noch innerhalb der Widerspruchsfrist schriftlich hier einzureichen.

Für Fragen stehen wir gerne zur Verfügung.

Mit freundlichen Grüßen

Kreisverwaltung

Kreisrechtsausschuss

Im Auftrag

Sachbearbeiterin

---

[2] 10.08.2020

3. Schreiben der Antragstellerin an die Kreisverwaltung[3]:

Sehr geehrte Frau Sachbearbeiterin,

vielen Dank für Ihren Hinweis.

Bitte teilen Sie mir mit, ob hiesiges Schreiben – mit qualifizierter elektronischer Signatur versehen – den gesetzlichen Anforderungen Genüge trägt.

Mit freundlichen Grüßen

Antragstellerin

[3] 10.08.2020

Widerspruch gegen Kostenbescheid vom 06.08.2020

Aktenzeichen 2020

Sehr geehrte Frau Sachbearbeiterin,

sehr geehrte Damen und Herren,

hiermit erhebe ich gegen Ihren mir am 07.08.2020 zugestellten Kostenbescheid vom 06.08.2020 Widerspruch.

Da ich die einzige Widerspruchsführerin war und bin, reduzieren sich die Kosten auf eine Gesamtgebühr von 1 x 25,00 €.

In der Ermäßigung auf 80 % im schriftlichen Verfahren auf 18,75 € plus Auslagen für Zustellung per Postzustellungsurkunde 3,05 € auf Gesamt **21,80 €**.

Die Differenz (zu den am 07.08.2020 entrichteten Gebühren von 103,05 € - vgl. beigefügten Zahlungsbeleg) von **81,25 €** bitte ich **innerhalb von 14 Tagen** meinem Ihnen bekannten Konto gutzuschreiben:

Kontoinhaberin:

Kreditinstitut:

BIC:

IBAN:

Mit freundlichen Grüßen

Antragstellerin

KA

Kreisverwaltung: **-103,05 €**

- Verwendungszweck: **Bürgernummer**

  Kostenbescheid 06.08.2020

  Widerspruchssache Kreisrechtsausschuss

  5-fache Gebühr plus Auslagen für Postzustellungsurkunde

- Buchungsdatum: **07.08.2020**
- Wertstellungsdatum: **07.08.2020**
- IBAN
- BIC
- Umsatzart: **Überweisung**

4. Schreiben der Kreisverwaltung an die Antragstellerin[4]:

Sehr geehrte Frau A.,

auch die von Ihnen an das virtuelle Postfach (@poststelle) gesendete E-Mail erfüllt die Anforderungen nicht, da die E-Mail keine qualifizierte elektronische Signatur enthält.

Mit freundlichen Grüßen

Kreisverwaltung

Kreisrechtsausschuss

Im Auftrag

Sachbearbeiterin

---

[4] 10.08.2020

5. Schreiben der Kreisverwaltung an die Antragstellerin[5]:

Sehr geehrte Frau A.,

Ihr eingescanntes Schreiben mit eigenhändiger Unterschrift ist hier per E-Mail eingegangen. Bei der Unterschrift handelt es sich nicht um eine qualifizierte elektronische Signatur. Hierbei handelt es sich um digitale Signaturverfahren, die Zertifikate erzeugen und die eigenhändige Unterschrift ersetzen können. Sie dienen dazu, eine E-Mail zweifelsfrei dem Absender zuordnen zu können.

Wir werden jedoch die von Ihnen eigenhändig unterschriebene und eingescannte pdf.Datei ausdrucken und als zulässigen Widerspruch ansehen.

Mit freundlichen Grüßen

Kreisverwaltung

Kreisrechtsausschuss

Im Auftrag

Sachbearbeiterin

[5] 10.08.2020

6. Schreiben der Antragstellerin an die Kreisverwaltung[6]:

Sehr geehrte Frau Sachbearbeiterin,

also darf ich mich darauf verlassen, dass Sie die unterschriebene und eingescannte Datei als zulässigen Widerspruch ansehen?

Oder soll ich das Ganze lieber sicherheitshalber noch einmal schriftlich / postalisch einreichen?

Mit freundlichen Grüßen

Antragstellerin

---

[6] 10.08.2020

II. Klage Widerspruchsbescheid[7]:

Klage gegen den Bescheid der Kreisverwaltung vom 15.06.2020 (Az. 2020) in der Gestalt des Widerspruchsbescheids des Kreisrechtsausschusses vom 06.08.2020 (Az. 2020)

Sehr geehrte Damen und Herren,

hiermit erhebe ich Klage gegen den Bescheid der Kreisverwaltung Altenkirchen vom 15.06.2020 (Az. 2020) in der Gestalt des Widerspruchsbescheids des Kreisrechtsausschusses vom 06.08.2020 (Az. 2020) und **beantrage die Feststellung der deutschen Staatsangehörigkeit und Ausstellung eines Staatsangehörigkeitsausweises für mich und meine Kinder.**

[7] 07.08.2020

Am 28.05.2020 teilt mir Herr Sachbearbeiter vom Sachgebiet „*Staatsangehörigkeitsausweise*“ unter „*Antrag auf Feststellung des Bestehens der deutschen Staatsangehörigkeit*“ mit: „*gem. Artikel 20 AEUV ist jeder Unionsbürger, der die Staatsangehörigkeit eines Mitgliedstaates der EU hat. Deutschland ist seit 01.01.1958 EU-Mitgliedstaat. Folglich sind Sie Unionsbürger und benötigen als Nachweis keinen Staatsangehörigkeitsausweis.*“

Am 15.06.2020 teilt mir Herr Sachbearbeiter vom Sachgebiet „*Staatsangehörigkeitswesen*“ unter „*Vollzug des Staatsangehörigkeitsgesetz (StAG)*“ mit: „*Sie und Ihre Kinder sind zweifelsfrei Deutscher und Inhaber eines Personalausweises oder/und Reisepasses bzw. Kinderausweises.*“

Am 02.07.2020 bescheinigt Herr Sachbearbeiter vom Sachgebiet „*Staatsangehörigkeitswesen*“ unter „*Feststellung der Staatsangehörigkeit von Frau A. und ihrer Kinder*“ wie folgt: „*Frau A. und ihre Kinder haben die deutsche Staatsangehörigkeit durch Abstammung gem. §§ 1,3,4 RuStAG in der Fassung vom 22.7.1913 erworben.*“

Am 06.08.2020 beschreibt Frau Vorsitzende des „Kreisrechtsausschusses" unter „WIDERSPRUCHSBESCHEID" die Angelegenheit wie folgt: *„Die deutsche Staatsangehörigkeit der Wf. [Widerspruchsführerin] und ihrer Kinder, die von allen amtlichen Stellen als deutsche Staatsangehörige geführt werden, ist nicht zweifelhaft oder klärungsbedürftig."*

Daher entschied sie wie folgt: *„1. Der Widerspruch wird zurückgewiesen. 2. Die Widerspruchsführer haben die Kosten des Verfahrens zu tragen"* und begründete ihre Entscheidung wie folgt: *„Bei dieser Entscheidung handelt es sich um eine Ermessensentscheidung. Im vorliegenden Fall war aus Verwaltungsvereinfachungs- sowie Kostenersparnisgründen zugunsten des Widerspruchsführers von diesem Alleinentscheidungsrecht der Vorsitzenden Gebrauch zu machen."*

Von „Verwaltungsvereinfachungsgründen" zu sprechen ist in Anbetracht des selbstverursachten Verwaltungsaufwands geradezu grotesk. Es wäre deutlich einfacher gewesen, 5 DIN-A4-Blätter mit den persönlichen Daten als Staatsangehörigkeitsausweis auszustellen.

Von „Kostenersparnisgründen“ innerhalb des eigenen Hauses zu sprechen ist zynisch in Bezug auf die Umverteilung der Kosten an die rechtmäßige/n Antragsteller/in/nen der Staatsangehörigkeitsausweise.

Der Kreisrechtsausschuss bzw. seine Vorsitzende hat – wie auf Seite 8 des Widerspruchsbescheids zu lesen ist - ausdrücklich ***„zugunsten des Widerspruchsführers“*** entschieden. Dementsprechend, da es sich bei der Widerspruchsführerin um meine Person handelt, beantrage ich, die zu meinen Gunsten entschiedene Angelegenheit damit zu beschließen, dass mir und meinen Kindern die am 12.05.2020 beantragte Feststellung des Bestehens der deutschen Staatsangehörigkeit nunmehr auch amtlich mit der Ausstellung des deutschen Staatsangehörigkeitsausweises bescheinigt wird.

Den Gesamtbetrag von 103,05 € habe ich heute auf das Konto der Kreiskasse überwiesen und zeitgleich einen Widerspruch gegen den Kostenbescheid vom 06.08.2020 erhoben. Sollte das Verwaltungsgericht die Güte und Einsicht besitzen, mir und meinen Kindern zu meinem / ihrem / unserem Recht zu verhelfen, werde ich gerne den

Differenzbetrag von 21,95 € zwecks Ausstellung der 5 Staatsangehörigkeitsausweise nachträglich überweisen.

Nun wurde mir und meinen Kindern schon von Amts wegen mitgeteilt, dass unsere deutsche Staatsangehörigkeit durch Abstammung gem. §§ 1,3,4 RuStAG in der Fassung vom 22.7.1913 rechtskräftig sei. Daher erbitte ich hiermit ausdrücklich die verbindliche Bescheinigung dieser Aussage durch die zuständige Behörde.

Mit freundlichen Grüßen

Antragstellerin

„Es ist anerkannt, dass vergleichbar mit dem im Verwaltungsprozess erforderlichen allgemeinen Rechtsschutzbedürfnis als Ausdruck eines allgemeinen ungeschriebenen Rechtsgrundsatzes auch im Verwaltungsverfahren vor Behörden ein Antrag nur zulässig ist, wenn der Antragsteller ein schutzwürdiges Sachbescheidungsinteresse an der von ihm beantragten Amtshandlung hat, insbesondere diese zur Verwirklichung oder Wahrung eines Rechts benötigt."

„Nach dem gescheiterten Versuch, die Landratsämter und Kreisfreien Städte als Gericht auszugeben und das Zitieren einiger Einzelfallentscheidungen von Verwaltungsgerichten als rechtliche Grundlage, nun ein neuer kreativer Versuch, ein Sachbescheidungsinteresse zu generieren. Der [...] KREIS glänzt nun mit *\`allgemeinen ungeschriebenen Rechtsgrundsätzen´*. **Das mitgelieferte Erklärungsmodell für das Sachbescheidungsinteresse ist eine Entlastung der Staatsangehörigkeitsbehörden.** Dieses Erklärungsmodell dürfte die Praxis widerlegen. Der Arbeitsaufwand dürfte um ein Vielfaches höher liegen. Ob das in der Wahrnehmung der betreffenden Sachbearbeiter liegt, erschließt sich uns bei der Verwendung solcher Textbausteine nicht. Fraglich ist auch, ob die Zeichen der Zeit von den Bediensteten der Verwaltung erkannt werden können. Aus Fachkreisen kann man erfahren, dass Dienstanweisungen \`gesetzeskonform´ per eMail versandt werden. Bei der Wertung dieser Schreiben als Handreichung und Handlungsempfehlung gibt es also auch Probleme in der Verwaltung."[8]

„Wenn ich Freunde oder Bekannte in die Landratsämter begleite, in die Stadtverwaltungen zu den sog. \`Ämtern für Staatsangehörigkeitsangelegenheiten´, wird auf dem Geschäftspapier die Behörde auch heute meist noch richtig mit \`Ausländeramt´ bezeichnet. Dort trifft man auf \`Beschäftigte´, die leider meist auf Grund irgendwelcher nicht unterschriebener Anweisungen lügen und uns vorsätzlich von der Beantragung der deutschen Staatsangehörigkeit abhalten möchten. Ich habe das selbst wiederholt erlebt. So wird nach einem \`berechtigten Feststellungsinteresse´ gefragt, wenn man den Staatsangehörigkeitsausweis beantragen möchte. Das ist eine absolute Unverschämtheit! **Als ob nicht jeder Deutsche das Recht hätte, seine Staatsangehörigkeit zu besitzen. So steht weder im hoheitlichen RuStAG noch in den Verordnungen des Staatsangehörigkeitsgesetzes, dem StAG, etwas von einem \`berechtigten Feststellungsinteresse´. Es wird so getan, als ob eine**

[8] Vgl. https://gelberschein.net/?page=4

Verordnung der Verwaltung den hoheitlichen Rechtsanspruch auf die Staatsangehörigkeit aushebeln könnte.“ [9]

„Sogar die Anwälte und Notare sind aufgefordert, bei der Beantragung zur Erlangung der deutschen Staatsangehörigkeit zu helfen. Bei www.anwalt.de heißt es dazu: `Ein Pass für sich allein genommen isst in der Bundesrepublik Deutschland kein ausreichender Beleg für das Innehaben der deutschen Staatsangehörigkeit. Obwohl sie im Regelfall im Pass eingetragen ist, **weist nur der Staatsangehörigenausweis bzw. die Staatsangehörigenurkunde die Staatsangehörigkeit nach**.´“[10]

"Ein Reisepass oder Personalausweis sind keine sicheren Nachweise für den Besitz der deutschen Staatsangehörigkeit."[11]

"Der deutsche Reisepass oder Personalausweis stellt keinen förmlichen Nachweis für das Vorliegen der deutschen Staatsangehörigkeit dar. **Die**

---

[9] Vgl. Max von Frei: Geheimsache Staatsangehörigkeit, Fichtenau 2017, S. 105f.
[10] Vgl. Max von Frei: Geheimsache Staatsangehörigkeit, Fichtenau 2017, S. 106.
[11] https://www.muenchen.de/rathaus/Stadtverwaltung/Kreisverwaltungsreferat/Staatsangehoerigkeit--Einbuergerung/Deutsche-Staatsangehoerigkeit.html

Deutscheneigenschaft kann nur durch einen Staatsangehörigkeitsausweis oder durch einen Ausweis über die Rechtsstellung als Deutscher nachgewiesen werden."[12]

"**Der Staatsangehörigkeitsausweis ist das einzige Dokument, mit dem das Bestehen der deutschen Staatsangehörigkeit in allen Angelegenheiten, für die es rechts erheblich ist, verbindlich festgestellt wird (§ 30 StAG).** Der deutsche Reisepass und Personalausweis sind kein Nachweis für die deutsche Staatsangehörigkeit, sie begründen nur eine Vermutung, dass der Inhaber die deutsche Staatsangehörigkeit besitzt"[13]

"**Reisepass und Personalausweis sind keine sicheren Nachweise für den Besitz der deutschen Staatsangehörigkeit. Mit einem Staatsangehörigkeitsausweis hingegen ist die deutsche Staatsangehörigkeit verbindlich nachgewiesen. Ein**

[12] https://www.landkreis-coburg.de/611-0-Staatsangehoerigkeitsausweis.html

[13] https://www.landtag-bw.de/files/live/sites/LTBW/files/dokumente/WP16/Drucksachen/1000/16_1883_D.pdf

Staatsangehörigkeitsausweis wird für bestimmte Rechtsgeschäfte oder -verhältnisse benötigt."[14]

Die nationale Staatsangehörigkeit eines Mitgliedstaates führt zur sog. „*Unionsbürgerschaft*", welche innerhalb der EU benötigt wird, um:

- die Menschenrechte geltend zu machen
- beim Bürgerbeauftragten vorsprechen zu können
- die EU Gerichtshöfe als Mitglied der EU nutzen zu dürfen
- frei reisen zu können und um mich niederlassen zu dürfen
- das Recht auf soziale Sicherheit und Unterstützung geltend zu machen
- das Recht auf eine Bürger Vertretung im Europäischen Parlament geltend zu machen
- das aktive und passive Wahlrecht bei den Kommunalwahlen und den Wahlen zum Europäischen Parlament ausüben zu dürfen[15]

Eine nachgewiesene Staatsangehörigkeit benötige ich / benötigen wir weltweit, um:

[14] https://web.archive.org
[15] Vgl. https://www.bewusst-handeln.eu/

- ein Kind aus einem anderen Land zu adoptieren
- um einen Ausländer mit einer Staatsangehörigkeit heiraten zu können
- um weltweit überhaupt ein rechtliches Gehör geschenkt zu bekommen [ohne Staatsangehörigkeit kein Recht auf Recht!][16]

Die UN Flüchtlingskommission UNHCR mit Sitz in Deutschland erklärt die Bedeutung von Staatsangehörigkeit bzw. Staatenlosigkeit benennt die rechtlichen Grundlagen dafür. Nur Unionsbürger haben innerhalb der EU laut Art. 20 AEUV[17] das Recht:

- auf Bewegungs- und Aufenthaltsfreiheit
- auf Schutz durch die diplomatischen und konsularischen Behörden
- auf aktives und passives Wahlrecht bei den Wahlen zum Europäischen Parlament und bei den Kommunalwahlen
- Petitionen an das Europäische Parlament zu richten und sich an den Europäischen Bürgerbeauftragten in der Muttersprache zu wenden[18]

---

[16] Vgl. https://www.bewusst-handeln.eu/
[17] http://www.aeuv.de/aeuv/zweiter-teil/art-20.html
[18] Vgl. https://www.bewusst-handeln.eu/

Wer keinen Nachweis seiner Staatsangehörigkeit in Form eines Staatsangehörigkeitsausweises nach StAG besitzt, gilt verwaltungstechnisch als Staatenloser. Die Staatsangehörigkeit nach StAG und die Unionsbürgerschaft ist eine verwaltungstechnische Staatsangehörigkeit und keine hoheitliche. Auch wenn es im deutschen Rechtsalltag anders zu sein scheint, ändert dies nichts an der Tatsache, dass:

- Staatenlose keinen Friedensvertrag (der seit dem 1. Weltkrieg noch aussteht!) schließen können
- Staatenlose nicht wählen dürfen und nicht gewählt werden können (siehe §§ 12 und 15 Bundeswahlgesetz)
- Staatenlose nach den Militärgesetzen, z.B. dem SHAEF-Gesetz, kein Eigentum rechtssicher erwerben können
- Staatenlose keine Immobilien an Ausländer, die im Besitz einer Staatsangehörigkeit sind, rechtswirksam veräußern können
- sämtliche Immobilienkäufe und Verkäufe zwischen Staatenlosen dem SHAEF-Gesetz Art. 52 widersprechen und somit jederzeit vom Besatzer beschlagnahmt werden können
- die Heirat eines Staatenlosen mit einem Ausländer, der eine Staatsangehörigkeit besitzt, den Verlust dessen

Staatsangehörigkeit nach sich ziehen könnte und dadurch die Heirat rechtlich angreifbar werden könnte[19]

Als Einwohnerin der BRD gemäß der internationalen Gesetzgebung, dem Übereinkommen über die Rechtsstellung der Staatenlosen, dem sog. „Staatenlosenübereinkommen“ vom 28. September 1954, sind meine Kinder und ich „staatenlos“.[20]

Artikel 27: „Die Vertragsstaaten stellen jedem Staatenlosen, der sich in ihrem Hoheitsgebiet befindet und keinen Reise-AUSWEIS [nicht Reise-PASS!] besitzt, einen Personalausweis aus.“[21]

Staatenlose Frauen, Männer und Kinder können kein Land offiziell als ihre Heimat bezeichnen. Dieser Umstand bewirkt, dass sich Staatenlose häufig in einem rechtlichen Schwebezustand befinden, denn sie werden durch nationale Gesetze nicht ausreichend geschützt. Im schlechtesten Fall haben Staatenlose nicht einmal Zugang zu Bildung oder zum Arbeitsmarkt. Sie dürfen nicht frei reisen und sind von der politischen

---

19 Vgl. https://www.bewusst-handeln.eu/
20 Vgl. https://www.bewusst-handeln.eu/
21 Quelle: UN

Teilnahme, aber auch von grundlegenden Sozialleistungen eines Staates ausgeschlossen.[22]

[22] Vgl. https://www.bewusst-handeln.eu/

Begriffserklärungen:[23]

- **Gültiges Recht**: Rechtssätze, die legal zustande gekommen sind, sind gültiges Recht, auch wenn sie zeitweise oder dauerhaft nicht durchgesetzt werden können, beispielsweise weil der Staat nicht handlungsfähig ist. Abzugrenzen hiervon ist geltendes Recht. BRD-Regeln sind kein gültiges, aber geltendes Recht.

- **Geltendes Recht**: Rechtssätze, die durchgesetzt werden, ohne dass sie notwendigerweise legal zustande gekommen sind. Abzugrenzen hiervon ist gültiges Recht. BRD-Regeln sind geltendes, aber kein gültiges Recht.

- **Grundgesetz**: Kolonial- bzw. Besatzungsrecht für ein definiertes Territorium. Von einer Kolonial- oder Besatzungsmacht verfügt. Dient der Organisation eines Kolonial- oder Besatzungsgebietes. Im Gegensatz zu einer Verfassung nicht die höchste Rechtsnorm im Territorium. Die Kolonialmacht oder Besatzungsmacht kann sich jederzeit über die Normen eines Grundgesetzes hinwegsetzen.

[23] Vgl. Max von Frei: Geheimsache Staatsangehörigkeit, Fichtenau 2017, S. 246f.

- **Krieg**: Das ist insbesondere ein rechtlicher Zustand, ohne dass militärische oder anderweitige Kampfhandlungen ausgeführt werden müssen. Durch den Kriegszustand gilt das Kriegsvölkerrecht in Gestalt der Haager Landkriegsordnung und der Genfer Konventionen als höchstrangiges Recht. Hierdurch werden Handlungen legitimiert, die anderenfalls illegal wären wie das Bekämpfen oder Töten anderer Staatsangehöriger, die Zerstörung oder Beschlagnahmung materieller Güter eines anderen Staates, Spionage etc.

In Artikel 25 des Grundgesetzes heißt es: „*Die allgemeinen Regeln des Völkerrechts sind Bestandteil des Bundesrechtes. Sie gehen den Gesetzen vor und erzeugen Rechte* [...]“ Übersetzt heißt das: **Das Völkerrecht ist höherrangig** als das Bundesrecht. Alle daraus entstehenden sog. Gesetze – genauer Verordnungen, Anordnungen – unterliegen dem Völkerrecht. Das Völkerrecht erzeugt Rechte! **Dazu gehört auch das Recht gemäß RuStAG (= Reichs- und Staatsangehörigkeitsgesetz), seine natürliche Person durch Abstammung bis vor 1914 in den Rechtskreis der Verfassung von 1871 abzuleiten!** Der Staatsangehörigkeitsausweis bürgt somit für das Recht auf (Völker-)Recht unter Beachtung der Landesgesetzgebung.[24]

In Artikel 120 des Grundgesetzes heißt es: „*Der Bund trägt die Aufwendungen für Besatzungskosten* [...]“ Kann die BRD ein freier Staat sein, wenn sie die Besatzungskosten einer fremden Armee im eigenen Land zahlen muss?[25]

Weiter heißt es in Artikel 43 der HLKO, **Wiederherstellung der öffentlichen Ordnung**: „... *nachdem die gesetzmäßige Gewalt*

[24] Vgl. Max von Frei: Geheimsache Staatsangehörigkeit, Fichtenau 2017, S. 59.
[25] Vgl. Max von Frei: Geheimsache Staatsangehörigkeit, Fichtenau 2017, S. 59.

tatsächlich in die Hände des Besetzenden übergegangen ist, hat dieser alle von ihm abhängenden Vorkehrungen zu treffen, ***um nach Möglichkeit die öffentliche Ordnung und das öffentliche Leben wiederherzustellen und aufrechtzuerhalten, und zwar, soweit kein zwingendes Hindernis besteht, unter Beachtung der Landesgesetze.***" [26]

Die BRD-Bediensteten sind lediglich die Verwalter des Systems, nicht die Eigentümer. Die Eigentümer sind nach wie vor die Deutschen, und zwar diejenigen Deutschen, die nachweislich ihre Abstammung aus einem der 25 Bundesstaaten beweisen können. Diese Ableitung ist gesetzlich im bis heute gültigen Reichs- und Staatsangehörigkeitsgesetz (RuStAG) vom 22. Juli 1913 verankert.[27]

„Schade, diese Beamten sind nicht umfassender gebildet, denn sie müssten wissen, dass die ererbte Staatsangehörigkeit nach Abstammung immer aus einem \`Königreich´ oder \`Herzogtum/Fürstentum´ vor 1914 nach RuStAG abgeleitet wird."[28]

[26] Vgl. Max von Frei: Geheimsache Staatsangehörigkeit, Fichtenau 2017, S. 59.
[27] Vgl. Max von Frei: Geheimsache Staatsangehörigkeit, Fichtenau 2017.
[28] Vgl. Max von Frei: Geheimsache Staatsangehörigkeit, Fichtenau 2017, S. 181.

RuStAG

§ 1 Deutscher ist, wer die Staatsangehörigkeit in einem Bundesstaat (§§ 3 bis 32) oder die unmittelbare Reichsangehörigkeit (§§ 3 bis 35) besitzt.

§ 3 Die Staatsangehörigkeit in einem Bundesstaate wird erworben 1. durch Geburt (§ 4).

§ 4 [1] Durch die Geburt erwirbt das eheliche Kind eines Deutschen die Staatsangehörigkeit des Vaters, das uneheliche Kind eines Deutschen die Staatsangehörigkeit der Mutter.

§ 7 [1] Die Aufnahme muss einem Deutschen von jedem Bundesstaat, in dessen Gebiet er sich niedergelassen hat, auf seinen Antrag erteilt werden, falls kein Grund vorliegt, der nach den §§ 3 bis 5 des Gesetzes über die Freizügigkeit vom 1. November 1867 (Bundes-Gesetzbl. S. 55) die Abweisung eines Neuanziehenden oder die Versagung der Fortsetzung des Aufenthalts rechtfertigt.

§ 14 [1] Die von der Regierung oder der Zentral- oder höheren Verwaltungsbehörde eines Bundesstaats vollzogene oder bestätigte Anstellung im unmittelbaren oder mittelbaren Staatsdienst, im Dienste einer Gemeinde oder eines Gemeindeverbandes, im öffentlichen Schuldienst oder im Dienste einer von dem Bundesstaat anerkannten Religionsgemeinschaft gilt

für einen Deutschen als Aufnahme, für einen Ausländer als Einbürgerung, sofern nicht in der Anstellungs- oder Bestätigungsurkunde ein Vorbehalt gemacht wird.

§ 16 [1] **Die Aufnahme oder Einbürgerung wird wirksam mit der Aushändigung der von der höheren Verwaltungsbehörde hierüber ausgefertigten Urkunde oder der Urkunde über die unter den Voraussetzungen des § 14 oder des § 15 Abs. 1 erfolgte Anstellung**. [2] **Die Aufnahme oder Einbürgerung erstreckt sich, insofern nicht in der Urkunde ein Vorbehalt gemacht wird, zugleich auf die Ehefrau und auf diejenigen Kinder, deren gesetzliche Vertretung dem Aufgenommenen oder Eingebürgerten kraft elterlicher Gewalt zusteht.** Ausgenommen sind Töchter, die verheiratet sind oder verheiratet gewesen sind.

§ 40 [1] Gegen die Ablehnung des Antrags auf Aufnahme gemäß § 7 [...] ist der Rekurs zulässig. [2] Die Zuständigkeit der Behörden und das Verfahren bestimmen sich nach den Landesgesetzen und, soweit landesgesetzliche Vorschriften nicht vorhanden sind, nach den §§ 20, 21 der Gewerbeordnung.

StAG § 30

(1) Das Bestehen oder Nichtbestehen der deutschen Staatsangehörigkeit wird auf Antrag von der Staatsangehörigkeitsbehörde festgestellt. Die Feststellung ist in allen Angelegenheiten verbindlich, für die das Bestehen oder Nichtbestehen der deutschen Staatsangehörigkeit rechtserheblich ist. Bei Vorliegen eines öffentlichen Interesses kann die Feststellung auch von Amts wegen erfolgen.

(2) Für die Feststellung des Bestehens der deutschen Staatsangehörigkeit ist es erforderlich, aber auch ausreichend, wenn durch Urkunden, Auszüge aus den Melderegistern oder andere schriftliche Beweismittel mit hinreichender Wahrscheinlichkeit nachgewiesen ist, dass die deutsche Staatsangehörigkeit erworben worden ist und danach nicht wieder verloren gegangen ist. § 3 Abs. 2 bleibt unberührt.

(3) Wird das Bestehen der deutschen Staatsangehörigkeit auf Antrag festgestellt, stellt die Staatsangehörigkeitsbehörde einen Staatsangehörigkeitsausweis aus. Auf Antrag stellt die

Staatsangehörigkeitsbehörde eine Bescheinigung über das Nichtbestehen der deutschen Staatsangehörigkeit aus.[29]

§ 116.1 GG (1) Deutscher im Sinne dieses Grundgesetzes ist vorbehaltlich anderweitiger gesetzlicher Regelung, wer die deutsche Staatsangehörigkeit besitzt oder als Flüchtling oder Vertriebener deutscher Volkszugehörigkeit oder als dessen Ehegatte oder Abkömmling in de Gebiete des Deutschen Reiches nach dem Stande vom 31. Dezember 1937 Aufnahme gefunden hat.

[29] Vgl. Max von Frei: Geheimsache Staatsangehörigkeit, Fichtenau 2017, S. 102f.

Artikel 16 (1) Die deutsche Staatsangehörigkeit darf nicht entzogen werden. Der Verlust der deutschen Staatsangehörigkeit darf nur auf Grund eines Gesetzes und gegen den Willen des Betroffenen nur dann eintreten, wenn der Betroffene dadurch nicht staatenlos wird.

Gesetze mit Hinweis auf die deutsche Staatsangehörigkeit nach GG Art. 116.1[30]:

- Bundeswahlgesetz § 12 Wahlrecht (1) Wahlberechtigt sind alle Deutschen im Sinne des Artikels 116. Abs. 1 des Grundgesetzes [...], § 15 Wählbarkeit (1) Wählbar ist, wer am Wahltage 1. Deutscher im Sinne des Artikels 116. Abs. 1 des Grundgesetzes ist [...]
- Deutsches Richtergesetz (DriG) § 9 Voraussetzungen für die Berufungen In das Richterverhältnis darf nur berufen werden, wer 1. 1. Deutscher im Sinne des Artikels 116. Abs. 1 des Grundgesetzes ist [...], § 18 Nichtigkeit der Ernennung (2) Eine Ernennung ist ferner nichtig, wenn der Ernannte im Zeitpunkt der Ernennung 1. nicht 1. Deutscher im Sinne des Artikels 116. Abs. 1 des Grundgesetzes war [...]

[30] Vgl. Max von Frei: Geheimsache Staatsangehörigkeit, Fichtenau 2017, S. 255-262.

- Gesetz über Maßnahmen zur Förderung des deutschen Films (Filmförderungsgesetz – FFG) § 15 Allgemeine Förderungsvoraussetzungen (d) die Regisseurin oder der Regisseur Deutsche oder Deutscher im Sinne des Artikels 116. des Grundgesetzes ist [...]
- Gesetz über die Konsularbeamten, ihre Aufgaben und Befugnisse (Konsulargesetz – KonsG) § 27 Begriffsbestimmung **Der Begriff „Deutscher" bestimmt sich Artikel 116. Abs. 1 des Grundgesetzes**.
- Verordnung über die Anerkennung europäischer Berufsqualifikationen als Laufbahnbefähigung (Laufbahnbefähigungsanerkennungsverordnung – LBAV) § 1 Geltungsbereich Diese Verordnung gilt für Deutsche im Sinne des Artikels 116. des Grundgesetzes [...]
- Staatsangehörigkeits-Gebührenverordnung (StAGebV) § 1 Gebührenpflichtige Tatbestände 2. Die Bescheinigung der Staatsangehörigkeit nach Artikels 116. Abs. 2 Satz 1 des Grundgesetzes [...]
- Gesetz über die friedliche Verwendung der Kernenergie und den Schutz gegen ihre Gefahren (Atomgesetz) § 38 Ausgleich durch den Bund (3) Die Absätze 1 und 2 sind auf Geschädigte, die nicht

Deutsche im Sinne des Artikels 116. Abs. 1 des Grundgesetzes sind [...]

- Gesetz über die Rechtsstellung der Soldaten (Soldatengesetz – SG) § 37 Voraussetzung der Berufung (1) In das Dienstverhältnis eines Berufssoldaten oder eines Soldaten auf Zeit darf nur berufen werden, wer 1. Deutscher im Sinne des Artikels 116. Abs. 1 des Grundgesetzes ist [...]
- Gesetz zur Regelung des Statusrechts der Beamtinnen und Beamten in den Ländern (Bematenstatusgesetz – BeamtStG) § 7 Voraussetzungen des Beamtenverhältnisses (1) In das Beamtenverhältnis darf nur berufen werden, wer 1. Deutsche oder Deutscher im Sinne des Artikels 116. des Grundgesetzes ist [...]
- Gesetz über das Ausländerzentralregister (AZR-Gesetz) § 2 Anlass der Speicherung (2) Die Speicherung ist ferner zulässig **bei Ausländern, [siehe AufenthG §2 (1)] 9. deren Antrag auf Feststellung der deutschen Staatsangehörigkeit oder der Eigenschaft als Deutscher im Sinne des Artikels 116. Abs. 1 des Grundgesetzes abgelehnt worden ist** [...] § 36 Löschung (2) Die Daten sind auch unverzüglich zu löschen, wenn der Betroffene die deutsche Staatsangehörigkeit erworben hat oder die Registerbehörde nach der Speicherung seiner Daten erfährt, dass

er Deutscher im Sinne des Artikels 116. Abs. 1 des Grundgesetzes ist […]

- Bundesbahngesetz § 8 Zusammensetzung und Rechtsstellung des Vorstands (1) […] Die Vorstandsmitglieder müssen Deutsche im Sinne des Artikels 116. des Grundgesetzes sein […]
- Gesetz über die internationale Rechtshilfe in Strafsachen (IRG) § 2 Grundsatz (3) **Ausländer im Sinne dieses Gesetzes sind Personen, die nicht Deutsche im Sinne des Artikels 116. Abs. 1 des Grundgesetzes sind** […]
- Hochschulrahmengesetz (HRG) § 27 Allgemeine Voraussetzungen (1) Jeder Deutsche im Sinne des Artikels 116. des Grundgesetzes ist […] berechtigt […], § 35 Unabhängigkeit der Zulassung von der Landeszugehörigkeit Die Zulassung eines Studienbewerbers, der Deutscher im Sinne des Artikels 116. Abs. 1 des Grundgesetzes ist […]
- Gesetz zur Harmonisierung des Schutzes gefährdeter Zeugen (Zeugenschutz-Harmonisierungsgesetz – ZSHG) § 5 Vorübergehende Tarnidentität (1) […] **Personalausweise und Pässe dürfen nicht für Personen ausgestellt werden, die nicht Deutsche im Sinne des Artikels 116. des Grundgesetzes sind** […]

- Sozialgesetzbuch (SGB) Viertes Buch (IV) – Gemeinsame Vorschriften für die Sozialversicherung § 2 Versicherter Personenkreis (1a) **Deutsche** im Sinne der Vorschriften über die Sozialversicherung und die Arbeitsförderung **sind Deutsche im Sinne des Artikels 116. des Grundgesetzes** [...]
- Gesetz über Personalausweise und den elektronischen Identitätsnachweis (Personalausweisgesetz – PauswG) § 1 Ausweispflicht; Ausweisrecht (1) Deutsche im Sinne des Artikels 116. Abs. 1 des Grundgesetzes sind verpflichtet, einen Ausweis zu besitzen [...] (4) Auf Antrag ist ein Ausweis auch auszustellen, wenn Personen 2. Deutsche im Sinne des Artikels 116. Abs. 1 des Grundgesetzes sind, die der Meldepflicht deswegen nicht unterliegen, weil sie keine Wohnung in Deutschland haben [...]

Ich und meine Kinder benötigen die Feststellung der deutschen Staatsangehörigkeit zur Verwirklichung und Wahrung folgender Rechte:[31]

- **Recht auf Recht**
- **Recht auf Heimat**
- **Schutz des Eigentums**
- **Recht auf Versammlungsfreiheit**
- **Recht vor Gericht das BGB anzuwenden**
- **Recht zu wählen oder gewählt zu werden**
- **Recht Unternehmen und Vereine zu gründen**
- **Recht die nationale Gesetzgebung zu beanspruchen**
- **Recht zu jedem öffentlichem Amt nach Befähigung**
- **Anspruch auf Rente gemäß Sozialgesetzbuch IV**
- **förmlicher Nachweis der Staatsangehörigkeit**
- **Recht auf ein Hochschulstudium**
- **Recht der freien Berufswahl**

Somit stellt dies in voll umfänglichem Maße ein sog. „*schutzbedürftiges Sachbescheidungsinteresse*" dar.

[31] Vgl. https://www.bewusst-handeln.eu/

Gesetzesgrundlagen:

a) **BVerfGG §31:**

(1) Die Entscheidungen des Bundesverfassungsgerichts binden die Verfassungsorgane des Bundes wie der Länder sowie alle Gerichte und Behörden.

b) **BVerfGE 77, 137 – Teso Abschnitt 22:**

... Die Ablehnung der Feststellung seiner deutschen Staatsangehörigkeit wirkt sich wie eine Entziehung der Staatsangehörigkeit aus. (vgl. BVerWG DÖV 1967, S. 94f.)

c) **Grundgesetz für die Bundesrepublik Deutschland Art. 16:**

(1) Die deutsche Staatsangehörigkeit darf nicht entzogen werden. Der Verlust der Staatsangehörigkeit darf nur auf Grund eines Gesetzes und gegen den Willen des Betroffenen nur dann eintreten, wenn der Betroffene dadurch nicht staatenlos wird.

d) **Grundgesetz für die Bundesrepublik Deutschland Art. 20:**

(4) Gegen jeden, der es unternimmt, diese Ordnung zu beseitigen, haben alle Deutschen das Recht zum Widerstand wenn andere Abhilfe nicht gegeben ist.

e) Verwaltungsgerichtsordnung (VwGO) §1:

Die Verwaltungsgerichtsbarkeit wird durch unabhängige, von den Verwaltungsbehörden getrennte Gerichte ausgeübt.

Selbst das Bundesverfassungsgericht entschied schon am 31.07.1973, im Urteil (BVerfGE 2, 266 [277]; 3, 288 [319 f.]; 5, 85 [126]; 6, 309 [336, 363]) Zitat: *„Es wird daran festgehalten (vgl zB BVerfG, 1956-08-17, 1 BvB 2/51, BVerfGE 5, 85), daß das Deutsche Reich den Zusammenbruch 1945 überdauert hat und weder mit der Kapitulation noch durch die Ausübung fremder Staatsgewalt in Deutschland durch die Alliierten noch später untergegangen ist; es besitzt nach wie vor Rechtsfähigkeit, ist allerdings als Gesamtstaat mangels Organisation nicht handlungsfähig. Die BRD ist nicht `Rechtsnachfolger´ des Deutschen Reiches, sondern als Staat identisch mit dem Staat `Deutsches Reich´, - in bezug auf seine räumliche Ausdehnung allerdings `teilidentisch´."*

Staatsangehörigkeitsübereinkommen:[32]

a) Artikel 4 – Grundsätze:

Die Staatsangehörigkeitsvorschriften jedes Vertragsstaats müssen auf folgenden Grundsätzen beruhen:

A Jeder hat das Recht auf eine Staatsangehörigkeit;

B Staatenlosigkeit ist zu vermeiden;

C niemandem darf die Staatsangehörigkeit willkürlich entzogen werden;

b) Artikel 6 – Erwerb der Staatsangehörigkeit:

1 Jeder Vertragsstaat sieht in seinem innerstaatlichen Recht vor, daß seine Staatsangehörigkeit kraft Gesetzes durch folgende Personen erworben wird:

A Kinder, wenn ein Elternteil zur Zeit der Geburt dieser Kinder die Staatsangehörigkeit dieses Vertragsstaats besitzt, vorbehaltlich etwaiger Ausnahmen, die sein innerstaatliches Recht für im Ausland geborene Kinder vorsieht. Bei Kindern, für welche die Vaterschaft durch Anerkennung,

[32] Europäisches Übereinkommen über die Staatsangehörigkeit, Straßburg / Strasbourg, 6.XI.1997, vgl. https://www.coe.int/de/web/conventions/full-list/-/conventions/rms/090000168007f2e6

gerichtliche Entscheidung oder ähnliche Verfahren festgestellt wird, kann jeder Vertragsstaat vorsehen, daß das Kind die Staatsangehörigkeit entsprechend dem durch das innerstaatliche Recht festgelegten Verfahren erwirbt;

2 Jeder Vertragsstaat sieht in seinem innerstaatlichen Recht vor, daß seine Staatsangehörigkeit durch in seinem Hoheitsgebiet geborene Kinder erworben wird, die bei der Geburt keine andere Staatsangehörigkeit erwerben. Die Staatsangehörigkeit wird verliehen:

A bei der Geburt kraft Gesetzes (...)

4 Jeder Vertragsstaat erleichtert in seinem innerstaatlichen Recht folgenden Personen den Erwerb seiner Staatsangehörigkeit:

E Personen, die in seinem Hoheitsgebiet geboren sind und sich dort rechtmäßig und gewöhnlich aufhalten;

c) Artikel 10 – Bearbeitung der Anträge:

Jeder Vertragsstaat stellt sicher, daß Anträge auf Erwerb, Beibehaltung, Verlust, Wiedererwerb oder Bestätigung der Staatsangehörigkeit in angemessener Zeit bearbeitet werden.

d) Artikel 11 – Entscheidungen:

Jeder Vertragsstaat stellt sicher, daß Entscheidungen über den Erwerb, die Beibehaltung, den Verlust, den Wiedererwerb oder die Bestätigung der Staatsangehörigkeit eine schriftliche Begründung enthalten.

e) Artikel 12 – Recht auf eine Überprüfung:

Jeder Vertragsstaat stellt sicher, daß Entscheidungen über den Erwerb, die Beibehaltung, den Verlust, den Wiedererwerb oder die Bestätigung seiner Staatsangehörigkeit in Übereinstimmung mit seinem innerstaatlichen Recht einer Überprüfung durch die Verwaltung oder die Gerichte unterzogen werden können.

f) Artikel 13 – Gebühren:

1 Jeder Vertragsstaat stellt sicher, daß die Gebühren für den Erwerb, die Beibehaltung, den Verlust, den Wiedererwerb oder die Bestätigung seiner Staatsangehörigkeit angemessen sind.

2 Jeder Vertragsstaat stellt sicher, daß die Gebühren für eine Überprüfung der Entscheidungen durch die Verwaltung oder die Gerichte kein Hindernis für die Antragsteller darstellen.

„Sie dürfen und können nicht unterschreiben, da sie wissentlich und vorsätzlich ein staatliches Gericht vortäuschen, das es seit Jahrzehnten mit dem Wegfall der §§ 15 und 16 des Gerichtsverfassungsgesetzes (`***alle Gerichte sind Staatsgerichte***´) nicht mehr gibt. Jedoch widerspricht dies dem Grundgesetz Art. 101 (1): `***Ausnahmegerichte sind unzulässig. Niemand darf seinem gesetzlichen Richter entzogen werden.***´ Die Gerichte selbst verstoßen fortlaufend gegen das Grundgesetz. Sogar gegen ihre eigenen Verordnungen – gemäß § 315, 317 ZPO, der Zivilprozessordnung, dem Verwaltungsgerichtsverfahrensgesetz § 44, dem BGB §§ 126, 126a, dem Bundesverfassungsgerichtsurteil …“[33]

„Seit 1982 ist die Staatshaftung weggefallen. Alle `Beamten´ und öffentlich Bediensteten müssen sich mit einer privaten Diensthaftpflichtversicherung selbst versichern. Den Letzten beißen die Hunde. Da nützt es auch nichts mehr zu sagen: `Wir haben schon immer so gehandelt.´ Denn gemäß § 63 BBG (Bundesbeamtengesetz) ist der Beamte selbst für die Rechtssicherheit im Vorgang verantwortlich. […] Das heißt: **Haben sie sich nicht von der formalen Richtigkeit des**

[33] Vgl. Max von Frei: Geheimsache Staatsangehörigkeit, Fichtenau 2017, S. 200.

Verwaltungsaktes überzeugt und fügen dadurch den Betroffenen einen Schaden zu, haften sie selbst."[34]

„Sollten jetzt die sog. Tarifbeschäftigten, die öffentlich Bediensteten, der irrigen Meinung sein, sie seien auf Grund ihrer sog. Nichtverbeamtung von der Haftung befreit, dann haben sie sich getäuscht. **Gemäß Art. 187 der BV heißt es: `Alle Beamten und Angestellten im öffentlichen Dienst sind auf diese Verfassung zu vereidigen**.´"[35]

„Alle Beamten und öffentlich Bediensteten haften gemäß §§ 823 und 839 BGB vollumfänglich privat für den von ihnen angestifteten Schaden. Das ist auch der Grund, weshalb jeder Mitarbeiter, sogar der sog. `Beamte´, eine private Diensthaftpflicht braucht, da seit 1982 die Staatshaftung fortgefallen ist." [36]

„Seit 1982 ist die `Staats´-haftung aufgehoben. Beamte und Bedienstete müssen eine Diensthaftpflichtversicherung (Private Haftpflichtversicherung) abschließen. **Gemäß §§ 823 und 839 BGB**

[34] Vgl. Max von Frei: Geheimsache Staatsangehörigkeit, Fichtenau 2017, S. 180.200.
[35] Vgl. Max von Frei: Geheimsache Staatsangehörigkeit, Fichtenau 2017, S. 177.
[36] Vgl. Max von Frei: Geheimsache Staatsangehörigkeit, Fichtenau 2017, S. 177.

haften die Mitarbeiter in den Landratsämtern persönlich für den zugefügten Schaden. Und der dürfte, wenn das Eigentum eines falsch abgewiesenen Staatsangehörigen gepfändet wird, erheblich sein. Zumal die Versicherung mit Sicherheit nicht bei Vorsatz eine Leistung erbringen wird. Die Rechtslage ist offenkundig, doch es wird wider besseren Wissens gehandelt. Der Beweist ist seit 2010 hunderttausendfach erbracht."[37]

Bürgerliches Gesetzbuch (BGB)

§ **823 Schadensersatzpflicht**

(1) Wer vorsätzlich oder fahrlässig das Leben, den Körper, die Gesundheit, die Freiheit, das Eigentum oder ein sonstiges Recht eines anderen widerrechtlich verletzt, ist dem anderen zum Ersatz des daraus entstehenden Schadens verpflichtet.

(2) Die gleiche Verpflichtung trifft denjenigen, welcher gegen den Schutz eines anderen bezweckendes Gesetz verstößt. Ist nach dem Inhalt des Gesetzes ein Verstoß gegen dieses auch ohne Verschulden möglich, so tritt die Ersatzpflicht nur im Falle des Verschuldens ein.

[37] Vgl. Max von Frei: Geheimsache Staatsangehörigkeit, Fichtenau 2017, S. 122.

Bürgerliches Gesetzbuch (BGB)

§ **839 Haftung bei Amtspflichtverletzung**

(1) Verletzt ein Beamter vorsätzlich oder fahrlässig die ihm einem Dritten gegenüber obliegende Amtspflicht, so hat er dem Dritten den daraus entstehenden Schaden zu ersetzen. Fällt dem Beamten nur Fahrlässigkeit zur Last, so kann er nur dann in Anspruch genommen werden, wenn der Verletzte nicht auf andere Weise Ersatz zu erlangen vermag.

„Da die BRD selbst nicht souverän ist, als Verwalter des Besatzers selbst lediglich als Treuhänder auftritt, ist es der Auftrag der BRD, das Vermögen der Alliierten zu verwalten und zu mehren. Es geht nicht um die Mehrung und Sicherung Ihres Vermögens, sondern um das Vermögen der Hauptsiegermacht, der US-Corporation. Daher können Sie sich vorstellen, wieso die BRD-[...]Verwaltung nicht möchte, dass Sie dieses Spiel verstehen. Das würde sie sofort ihrer vorgetäuschten Macht berauben. [...] Alle haben Angst, ihren Job zu verlieren und verkaufen daher lieber ihre Zukunft und die ihrer Kinder, anstatt aufzustehen und zu **remonstrieren**."[38]

[38] Vgl. Max von Frei: Geheimsache Staatsangehörigkeit, Fichtenau 2017, S. 205f.

Die BRD ist die Fremdverwaltung der Alliierten. Durch den fehlenden Friedensvertrag sind alle in der UNO gelisteten „Staaten“ durch den sog. „Alliiertenvorbehalt“ nicht frei und daher fremdgesteuert und fremdverwaltet. Die Hauptsiegermacht kann jederzeit sämtliche Rohstoffe und Ressourcen aller UNO-Staaten in Beschlag nehmen, wenn sie der Meinung ist, dies zur Sicherung der Weltherrschaft zu benötigen. Wir aber haben in Deutschland eine gültige Verfassung, auf die wir durch unsere Staatsangehörigkeit zurückgreifen können – und zwar die von 1871. Dies können die anderen UNO-Staaten nicht. Schließen wir einen **Friedensvertrag** mit den Kriegsparteien des Ersten Weltkriegs, wird die UNO hinfällig. Damit können alle Staaten nach deutschem Vorbild wieder frei werden, ihre eigenen Verfassungen gestalten und ihr eigenes Geld schöpfen. Auch diese Staaten – also fast die ganze Welt – könnten ihrer Versklavung entrinnen und sich wieder selbst verwalten. Der Staat würde dann für die Interessen seiner Staatsangehörigen sorgen und als Treuhänder das Vermögen schützen und mehren.[39]

Ob Sie einen Bezug auf kaiserliches, verfassungsmäßiges und somit hoheitliches Recht herstellen können, also mit Ihrem *natürlichen*

[39] Vgl. Max von Frei: Geheimsache Staatsangehörigkeit, Fichtenau 2017, S. 207.

Menschen oder der *juristischen Person* das Recht auf Recht herstellen können, **entscheidet der Besitz des Staatsangehörigkeitsausweises**.[40]

Abschließend wiederhole ich hiermit noch einmal meine Bitte um bzw. meinen Antrag auf die positive Feststellung der deutschen Staatsangehörigkeit für mich und meine Kinder, wie seinerzeit am 02.07.2020 von Herrn Sachbearbeiter vom Sachgebiet „*Staatsangehörigkeitswesen*" unter „*Feststellung der Staatsangehörigkeit von Frau A. und ihrer Kinder*" wie folgt bescheinigt:

„Frau A. und ihre Kinder haben die deutsche Staatsangehörigkeit durch Abstammung gem. §§ 1,3,4 RuStAG in der Fassung vom 22.7.1913 erworben."

[40] Vgl. Max von Frei: Geheimsache Staatsangehörigkeit, Fichtenau 2017, S. 208.

III. Schlusswort:

„Noch sitzt ihr da oben, ihr feigen Gestalten.

Vom Feinde bezahlt, dem Volke zum Spott.

Doch einst wird wieder Gerechtigkeit walten,

dann richtet das Volk. Dann gnade euch Gott."

(- Theodor Körner -)

Printed by Books on Demand GmbH, Norderstedt / Germany